La vida en un cubo

Seth Rogers

Autora contribuyente

Allison Duarte

Asesores

Christopher Meyer, Ph.D.
Investigador en zoología
National Museum of Natural History

Stephanie Anastasopoulos, M.Ed.
TOSA, Integración de CTRIAM
Distrito Escolar de Solana Beach

Créditos de publicación

Rachelle Cracchiolo, M.S.Ed., *Editora*
Diana Kenney, M.A.Ed., NBCT, *Realizadora de la serie*
Véronique Bos, *Directora creativa*
Caroline Gasca, *M.S.Ed., Gerenta general de contenido*
Smithsonian Science Education Center

Créditos de imágenes: portada, pág.1, pág.7 (superior), pág.9 (inferior), pág.13 (inferior) David Liittschwager/National Geographic Creative; pág.8 (superior) Anand Varmar/ National Geographic Creative; pág.13 (superior) Ted Kinsman/Science Source; pág.15 (inferior) Visual&Written/Newscom; pág.21 Oxford Scientific/Getty Images; pág.25, pág.32 (izquierda) © Smithsonian; pág.22 (inferior) Jessica Wilson/Science Source; pág.23 (superior) Alexis Rosenfeld/Science Source; pág.23 (inferior) Burt Jones & Maurine Shimlock/Science Source; todas las demás imágenes cortesía de iStock y/o Shutterstock.

Library of Congress Cataloging-in-Publication Data

Names: Rogers, Seth, author.
Title: La vida en un cubo / Seth Rogers.
Other titles: Life in a cube. Spanish
Description: Huntington Beach, CA : Teacher Created Materials, [2022] | Includes index. | Audience: Grades 4-6 | Summary: "How much life can fit in one cubic foot? You may not think it would be much. But as photographer David Liittschwager and zoologist Chris Meyer realized, it can be packed! Along the way, Liittschwager learned that life in a cube can teach people about life on Earth in general. So, step into a cube and see what's around!"-- Provided by publisher.
Identifiers: LCCN 2021049457 (print) | LCCN 2021049458 (ebook) | ISBN 9781087644448 (paperback) | ISBN 9781087644912 (epub)
Subjects: LCSH: Habitat (Ecology)--Observations--Juvenile literature.
Classification: LCC QH541.14 .R6418 2022 (print) | LCC QH541.14 (ebook) | DDC 577--dc23/eng/20211108
LC record available at https://lccn.loc.gov/2021049457
LC ebook record available at https://lccn.loc.gov/2021049458

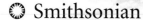

Smithsonian

Teacher Created Materials

5301 Oceanus Drive
Huntington Beach, CA 92649-1030
www.tcmpub.com
ISBN 978-1-0876-4444-8
© 2022 Teacher Created Materials, Inc.

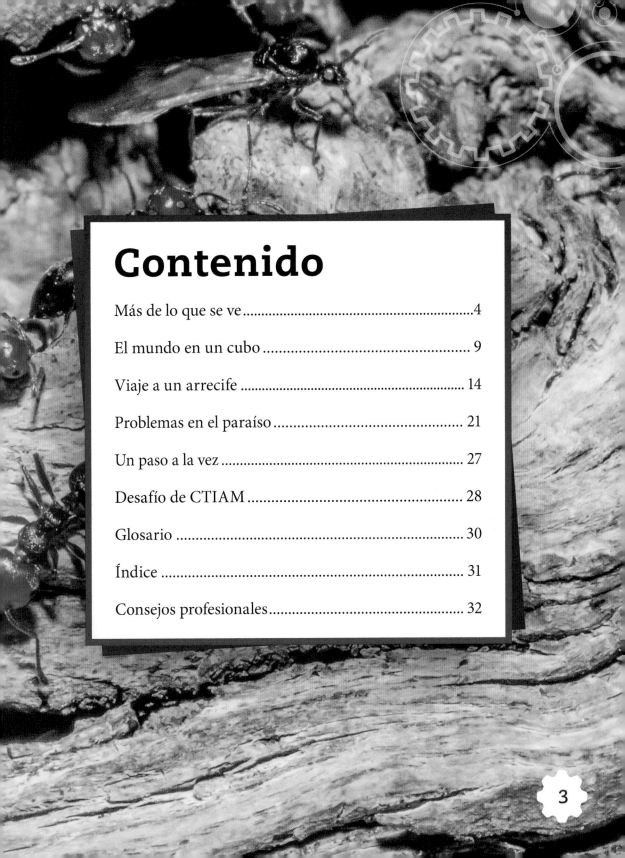

Contenido

Central Park

Más de lo que se ve

Todo el mundo sabe que hay vida en la Tierra... muchísima vida. De hecho, nadie sabe con exactitud cuántos tipos de seres vivos hay en la Tierra. Incluso hoy en día, se siguen descubriendo especies nuevas. La vida nos rodea, estemos donde estemos. Estudiar todos los seres vivos, desde las formas de vida más grandes hasta las criaturas más diminutas, puede parecer una tarea imposible.

ratonero de cola roja

En 2016 se catalogaron y nombraron alrededor de 18,000 especies nuevas.

tortuga de caja del este

polilla pintada
(*Atteva aurea*)

ardilla zorro oriental

Incluso a una escala menor, las cifras pueden ser intimidantes. Tomemos un único **ecosistema**. ¿Cuántos seres viven en la hierba y los árboles del Central Park, en Nueva York? A simple vista, parecería un número reducido. El Central Park ocupa un área de menos de 3.4 kilómetros cuadrados (1.5 millas cuadradas) y está rodeado en sus cuatro lados por la ajetreada ciudad de Nueva York. Allí la vida tiene que ser limitada, ¿verdad? Pero mira a tu alrededor. Las ardillas juegan en los árboles. Las tortugas nadan en los estanques. Los ratoneros de cola roja vuelan en lo alto. Ahora, presta más atención. Los mosquitos vuelan cerca del agua. Las hormigas excavan el suelo. Crecen árboles, pastos y **algas**. Incluso en un área pequeña, se hace difícil registrar la **biodiversidad** en unos pocos minutos.

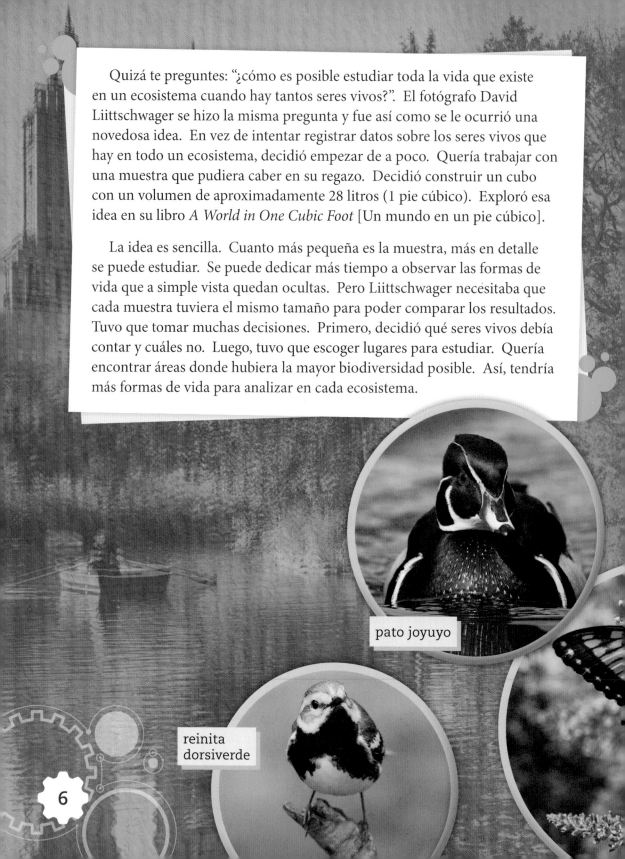

Quizá te preguntes: "¿cómo es posible estudiar toda la vida que existe en un ecosistema cuando hay tantos seres vivos?". El fotógrafo David Liittschwager se hizo la misma pregunta y fue así como se le ocurrió una novedosa idea. En vez de intentar registrar datos sobre los seres vivos que hay en todo un ecosistema, decidió empezar de a poco. Quería trabajar con una muestra que pudiera caber en su regazo. Decidió construir un cubo con un volumen de aproximadamente 28 litros (1 pie cúbico). Exploró esa idea en su libro *A World in One Cubic Foot* [Un mundo en un pie cúbico].

La idea es sencilla. Cuanto más pequeña es la muestra, más en detalle se puede estudiar. Se puede dedicar más tiempo a observar las formas de vida que a simple vista quedan ocultas. Pero Liittschwager necesitaba que cada muestra tuviera el mismo tamaño para poder comparar los resultados. Tuvo que tomar muchas decisiones. Primero, decidió qué seres vivos debía contar y cuáles no. Luego, tuvo que escoger lugares para estudiar. Quería encontrar áreas donde hubiera la mayor biodiversidad posible. Así, tendría más formas de vida para analizar en cada ecosistema.

pato joyuyo

reinita dorsiverde

El cubo de Liittschwager en el Central Park.

rata

Un equilibrio delicado

Las partes más pequeñas de un ecosistema pueden estar llenas de vida. Pero no son independientes del resto. Cada parte depende de los seres vivos y las cosas sin vida que la rodean. Esa **interdependencia** es la razón por la cual es tan importante mantener el equilibrio en los ecosistemas. Hasta el cambio más pequeño en una parte de un ecosistema puede tener efectos generalizados y duraderos en el resto.

mariposa cometa oriental

Liittschwager analiza un pez en Moorea, Polinesia Francesa.

El mundo en un cubo

Liittschwager luego planeó cómo sería el proceso de trabajo. Primero, colocaría su estructura en forma de cubo en un **hábitat** donde pudiera observarla. Decidió ubicar el cubo en lugares silvestres y llenos de vegetación. Sabía que en esos lugares habría más biodiversidad. Dejaría el cubo en cada sitio durante 24 horas. Todos los seres vivos que pasaran por el cubo quedarían registrados. Liittschwager recogería muestras de cada forma de vida y les tomaría fotos. Luego, regresaría las muestras a su lugar de origen. Seguiría el mismo proceso en cada sitio. De ese modo, podría comparar los resultados.

Liittschwager quería que cada sitio de su libro fuera **singular**. Quería mostrar las formas de vida de una amplia variedad de lugares. Pensaba que así los lectores comenzarían a preguntarse qué podría estar oculto en su propio jardín. Liittschwager les pidió a **biólogos** y **botánicos** que lo ayudaran a escoger los mejores sitios para su proyecto. Ellos lo ayudaron a escoger cinco tipos de hábitats. Esos hábitats le darían las mejores muestras para su libro. Y uno de ellos cambió su forma de ver el mundo.

TECNOLOGÍA

Sencillo, pero eficaz

En el corazón del proyecto de Liittschwager estaba el cubo. El cubo tenía que ser visible, pero también debía integrarse al paisaje natural de muchos sitios. Y debía ser lo suficientemente resistente para soportar las condiciones climáticas de cada medioambiente. Al final, hizo el cubo con 12 varillas de acero inoxidable. Las varillas se pueden unir y desarmar según sea necesario. Luego, Liittschwager pintó el cubo de verde para que se integrara mejor con el entorno.

El primer hábitat que visitó Liittschwager fue la hojarasca de un bosque. La hojarasca está compuesta por hojas, ramitas y trozos de corteza que han caído al suelo. La mayoría de las personas caminan sobre las hojas sin pensar jamás en lo que hay debajo. Pero en la hojarasca puede haber muchísimas formas de vida. Liittschwager escogió una sección específica del Central Park para reunir datos. Dejó su cubo en ese lugar y esperó. Ardillas, babosas, insectos y aves se acercaron al cubo mientras él miraba. ¡Incluso sucedió que, durante la noche, un mapache levantó el cubo y lo movió!

mapache

Central Park, Estados Unidos

Otro de los hábitats que observó Liittschwager fue un **matorral**. Para hacer esa sesión de fotos, viajó a la montaña de la Mesa, ubicada en una zona de Sudáfrica llamada Región Floral del Cabo. Allí la tierra es mucho más seca que la del Central Park. Aun así, la Región Floral está llena de formas de vida **diversas**. Allí se encuentra el tres por ciento de todas las plantas de África. Esas plantas atraen una amplia gama de insectos y arañas. Liittschwager sabía que en la Región Floral del Cabo encontraría un ecosistema completamente diferente al de la ciudad de Nueva York.

La lagartija *Cordylus niger* solo se encuentra en la montaña de la Mesa.

flor de protea rey

montaña de la Mesa, Sudáfrica

Algunas de las plantas que crecen en los matorrales **se han adaptado** para sobrevivir a los incendios forestales, que son comunes allí.

11

Liittschwager también visitó el dosel arbóreo de un bosque nuboso. Viajó a Costa Rica para colocar su cubo en una de las ramas más altas de un árbol. Varios metros más abajo estaba el suelo del bosque, que era oscuro y lleno de sombra. Pero en el dosel todo era diferente. Era un lugar mucho más cálido y seco. Y había mucha más luz solar que abajo, en el suelo del bosque. La vida en el dosel arbóreo resultó ser muy diferente a la del suelo del bosque. Los escarabajos y las polillas volaban de hoja en hoja. Los ciempiés y las arañas fantasmas caminaban por las ramas de los árboles.

ARTE

Sin lugar donde esconderse

Algo que se destaca al recorrer las páginas de *A World in One Cubic Foot* son las imágenes. Las plantas y los animales aparecen sobre un fondo blanco y liso. Este aspecto del libro tiene que ver con la pasión de Liittschwager por las ilustraciones científicas. Ese tipo de dibujos se hacen sobre un fondo blanco liso para que los detalles de las muestras sean más fáciles de ver. Liittschwager quería que sus fotografías causaran el mismo efecto.

ciempiés

Liittschwager visitó además dos hábitats acuáticos. Uno era un río de agua dulce. Los ríos de agua dulce están llenos de vida. Y ese es el caso del río Duck, en Tennessee. El río Duck es el hogar de varias especies que no viven en ningún otro lugar de la Tierra. Eso se debe a que el río Duck existe desde hace millones de años. Muchos de los organismos que viven en el río pueden pasar inadvertidos a primera vista. Pero en su cubo, Liittschwager encontró mejillones, almejas y caracoles que parecían rocas. También encontró larvas de psefénidos. En lugar de seres vivos, esas larvas de escarabajo parecían fósiles.

larva de psefénido

En el río Duck, el cubo de Liittschwager registró este pez.

Viaje a un arrecife

El segundo hábitat acuático al que Liittschwager llevó su cubo era un arrecife de coral ubicado frente a la isla de Moorea, en la Polinesia Francesa. Ese es uno de los hábitats más importantes de la Tierra. Fue en Moorea donde Liittschwager conoció al **zoólogo** Chris Meyer. Meyer trabaja para el instituto Smithsonian. Ayudó a Liittschwager a identificar las muestras del cubo.

Además, Meyer era el **coordinador** del Proyecto Biocode. El objetivo de ese proyecto era identificar todas las especies que vivían en Moorea y sus alrededores. Para ello, Meyer tomó muestras de **ADN**. El cubo de Liittschwager también fue de ayuda para Meyer. Todas las formas de vida que pasaron por el cubo se registraron en el Proyecto Biocode.

En total, se encontraron más de seiscientas especies en un pie cúbico de arrecife de coral. Y esa es solo una pequeña porción de la vida que hay en el arrecife. Distintas especies de plancton pasaron nadando por el cubo. Pero medían menos de un milímetro (cuatro centésimos de pulgada). Estas criaturas diminutas eran imposibles de recolectar. También fue difícil escoger un lugar para colocar el cubo. Si se hubiera colocado solo uno o dos metros más allá, las formas de vida halladas en el cubo habrían sido muy diferentes.

Las langostas achaparradas son comunes en Moorea.

Hay diferentes especies de peces en los corales de Moorea.

El pez ángel *Centropyge flavissima* vive en los corales de Moorea y sus alrededores.

Moorea es una de las 118 islas que forman la Polinesia Francesa.

Liittschwager aprendió mucho de su viaje al arrecife. Los arrecifes de coral son uno de los hábitats más diversos del mundo. Solo existen en una franja estrecha a la altura del ecuador. En esa zona del océano hay muy pocos **nutrientes**. Por eso a veces se le llama "desierto líquido". En otras áreas del océano, el agua es de color verde turbio. Eso se debe al **fitoplancton** que crece en el agua. Pero como hay tan pocos nutrientes en el agua cerca del ecuador, el fitoplancton no sobrevive. Eso hace que en esta zona del océano el agua sea de un celeste intenso y transparente.

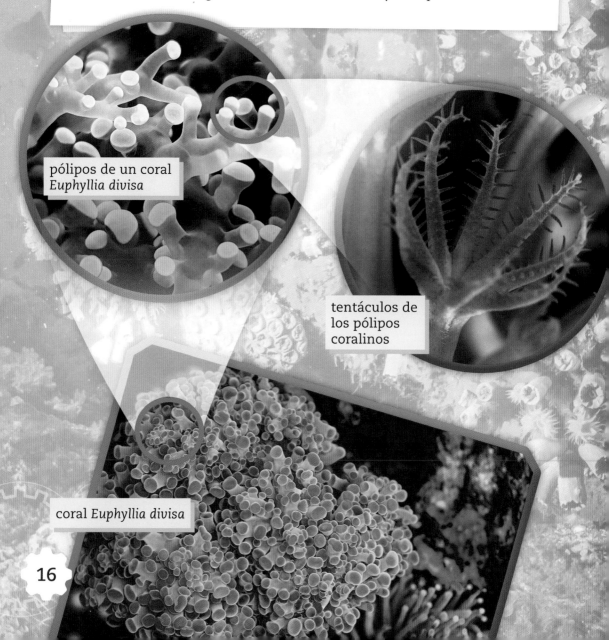

pólipos de un coral
Euphyllia divisa

tentáculos de los pólipos coralinos

coral *Euphyllia divisa*

A pesar de la falta de nutrientes, los arrecifes de coral están repletos de vida. Los científicos creen que en los arrecifes de coral y sus alrededores viven más de un millón de especies. Los arrecifes de coral están formados por pólipos coralinos. Un pólipo coralino es una criatura diminuta, no más grande que un frijol. Vive en el suelo del océano. Muchos pólipos coralinos se conectan y forman una capa delgada. Luego, producen estructuras de calcio que se acumulan con el tiempo. Esas estructuras ayudan a formar los arrecifes de coral. Muchos animales más grandes dependen de esas estructuras para tener un lugar donde vivir.

arrecife con diferentes tipos de coral

MATEMÁTICAS

El ritmo de los pólipos

Los distintos tipos de pólipos coralinos crecen a velocidades diferentes. El coral que más rápido crece es el coral cuerno de ciervo. Crea estructuras que parecen cuernos. Puede crecer unos 20 centímetros (8 pulgadas) por año. Los corales masivos son la especie de crecimiento más lento. Tienen estructuras que parecen rocas gigantes. Los corales masivos crecen entre 5 y 25 mm (entre 0.2 y 1 in) por año, unas 10 veces más despacio que los corales cuerno de ciervo.

Partes de un pólipo coralino

células urticantes para capturar presas

tentáculos para capturar presas

boca para liberar desechos

sustancia gelatinosa para mantener la forma

algas productoras de nutrientes

capa de células para absorber nutrientes y liberar desechos

gel para protegerse y capturar presas

tejido que permite a los pólipos intercambiar nutrientes

Los pólipos coralinos forman arrecifes de coral y están emparentados con las medusas y las anémonas de mar.

Muchos animales necesitan las estructuras de los arrecifes de coral para sobrevivir. Una vez que los pólipos coralinos han formado el esqueleto del arrecife, otras formas de vida pueden comenzar a prosperar allí. Las hierbas marinas crecen en el suelo, alrededor de los corales. Brindan alimento y refugio a muchos animales.

En los arrecifes de coral también crecen dos tipos de algas: las algas unicelulares y las pluricelulares. Las algas unicelulares viven dentro de los pólipos coralinos. Ayudan a construir las estructuras de coral. Esas algas usan el sol para producir azúcares, que les dan más energía a los pólipos. Las algas pluricelulares crecen en la superficie del coral. Ayudan a fortalecer el arrecife. Ambos tipos de algas les dan a los arrecifes los colores llamativos por los que son conocidos.

Se cree que casi un cuarto de la vida marina habita en los arrecifes de coral o cerca de ellos. Los peces, las tortugas marinas, los delfines y los manatíes viven o buscan alimento allí. Todos los seres vivos de un arrecife de coral contribuyen a la salud del hábitat. Pero, recientemente, se ha roto el equilibrio en muchos arrecifes.

Una persona nada
junto a un manatí.

Este coral blanco ya no tiene algas.

Este coral marrón está muerto.

Los científicos creen que tres cuartas partes de los arrecifes de coral que hay en el mundo están en peligro. Esa cifra podría llegar a las nueve décimas partes en 2030.

Problemas en el paraíso

Por suerte, el arrecife de coral que estudió Liittschwager todavía está relativamente sano. Pero no ocurre lo mismo con todos los corales. Los cambios en la temperatura del océano y en los niveles de dióxido de carbono están causando desequilibrios en los arrecifes de coral. Los científicos trabajan sin descanso para averiguar qué está pasando con los arrecifes y qué se puede hacer para mantenerlos a salvo.

En los últimos 20 años, hubo tres sucesos importantes que han afectado a los arrecifes de coral. Se conocen como sucesos de blanqueamiento del coral. El blanqueamiento del coral ocurre cuando los arrecifes, que suelen ser de colores brillantes, empiezan a ponerse blancos. Eso sucede cuando el agua que rodea a los arrecifes se calienta demasiado. Los pólipos reaccionan a ese cambio expulsando las algas que viven dentro de los arrecifes. La ausencia de algas es lo que hace que el coral se ponga blanco. Pero la pérdida de color no es el cambio más importante. Los pólipos no pueden obtener suficiente alimento por sí solos. Dependen de los nutrientes de las algas. Sin algas, los pólipos comienzan a pasar hambre y luego mueren.

Cuando los pólipos coralinos mueren, los arrecifes se ponen marrones. Crecen nuevas algas en la parte de afuera del coral. Pero en lugar de ayudarlos a prosperar, esas algas destruyen los corales. Y a medida que se destruyen, los animales que dependen de ellos se van a otros lugares o mueren.

algas

Las algas que viven en los pólipos generan oxígeno y otros nutrientes que necesita el coral.

Desde 1998, ha habido tres blanqueamientos de coral en el mundo. Y el tiempo entre uno y otro ha sido cada vez menor. Los científicos temen que, a medida que aumentan las temperaturas del océano, pronto comience a haber blanqueamientos cada año. El blanqueamiento del coral, junto con la pesca excesiva y la **contaminación** del agua, podrían afectar a todo el planeta.

La pérdida de los corales afectaría a las personas. En muchos lugares, el pescado es el principal alimento. Pero si los corales comienzan a morir, los peces se irán. En consecuencia, algunas personas pasarán hambre.

La muerte de los arrecifes de coral también sería una pérdida para la medicina. Los científicos utilizan algunas partes de los arrecifes de coral para fabricar medicamentos. Esos medicamentos sirven para tratar el cáncer y otras enfermedades. Muchas personas sufrirán si se pierden los arrecifes.

La pérdida del coral también afectaría a la tierra. Algunas zonas costeras podrían estar en peligro. Los océanos a veces tienen **corrientes** muy fuertes. Los arrecifes frenan las corrientes y hacen que las aguas sean más calmas cerca de la costa. Sin arrecifes que frenen el agua, las costas cambiarían para siempre.

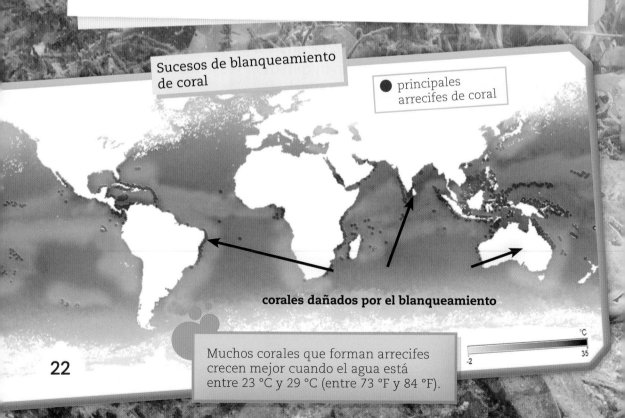

Sucesos de blanqueamiento de coral

● principales arrecifes de coral

corales dañados por el blanqueamiento

Muchos corales que forman arrecifes crecen mejor cuando el agua está entre 23 °C y 29 °C (entre 73 °F y 84 °F).

°C
-2   35

La bioquímica Sophie Richter estudia el blanqueamiento del coral y sus causas.

Este coral cerebro está en la mitad del proceso de blanqueamiento.

Los científicos piden a las personas que ayuden a salvar los arrecifes de coral. Proyectos como el de Liittschwager sirven para llamar la atención sobre el problema. Pero, para que haya alguna mejora, las personas deben cambiar sus hábitos. Los científicos piensan que, de lo contrario, casi todos los arrecifes de coral del mundo habrán muerto antes de 2050.

Afortunadamente, hay grupos que trabajan para salvar los arrecifes. Proponen maneras en que todos pueden ayudar. Una es desarrollar paisajes coralinos adaptables. El objetivo del proyecto es crear paisajes coralinos saludables colocando diferentes tipos de coral en el mismo arrecife. Algunos pólipos coralinos se adaptan mejor a la contaminación. Otros pueden sobrevivir más tiempo en aguas más cálidas. Y otros pueden soportar olas más grandes. Los paisajes coralinos adaptables combinan esos diferentes tipos de coral. Así, los arrecifes podrán adaptarse a cualquier peligro.

En otros lugares, los científicos prueban con trasplantes de coral. Con ese sistema, los científicos toman pólipos coralinos sanos y los cultivan en tanques. Luego, esperan hasta que los pólipos tengan la edad suficiente para **reproducirse**. Entonces, los devuelven al mar colocándolos cuidadosamente junto a los corales blanqueados. El coral sano puede volver a adherirse al arrecife y devolverle la vida.

Los peces loro limpian los corales al comer las algas y los corales muertos.

Una ofiura protege a un arrecife de coral.

INGENIERÍA

Trasplantes de coral

Aunque los trasplantes de coral funcionan, todavía no son una solución a gran escala. La Gran Barrera de Coral ocupa 348,700 kilómetros cuadrados (134,633 millas cuadradas) en el océano. En este momento, los científicos solo pueden trabajar en unos pocos metros cuadrados a la vez. Es un área demasiado pequeña como para que se note un cambio importante. Los científicos están tratando de encontrar una manera de aplicar lo aprendido a un nuevo diseño que sirva para tratar varios kilómetros cuadrados a la vez.

Estos científicos del Smithsonian reúnen muestras de coral muerto para estudiarlas.

La profundidad media de la bahía de San Francisco es de solo unos 6 m (17 ft). Sin embargo, la parte más profunda de la bahía tiene alrededor de 92 m (300 ft).

Un paso a la vez

Ver los arrecifes de coral cambió el proyecto de Liittschwager. Le quedaba mucho por hacer. Tres años después de su viaje, decidió agregar un sexto sitio a su libro. Liittschwager había tomado fotografías en algunos de los lugares más **exóticos** de la Tierra. Esta vez, quería probar su proyecto más cerca de casa. Quería ver lo que encontraría en San Francisco, California, su ciudad natal. Liittschwager tomó su cubo y lo colocó en la bahía, cerca del puente Golden Gate. Se encontró con un ecosistema que estaba lleno de vida. Cada gota de agua estaba repleta de plancton diminuto. Liittschwager halló unas nueve mil formas de vida en un pie cúbico de agua de la bahía.

El proyecto de Liittschwager fue más allá del libro. Estudiantes y científicos han recreado el proyecto en sus propios vecindarios. Las personas están encontrando formas de vida que nunca antes habían visto en los parques y ríos locales. Incluso en aquellos lugares que creían conocer a la perfección, encontraron seres vivos que estaban escondidos. ¿Cuántas formas de vida escapan a tus ojos? Descubre más sobre tu hábitat. Lo único que necesitas para empezar es un cubo.

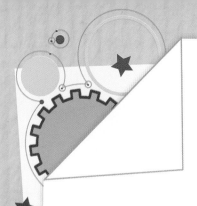

DESAFÍO DE CTIAM

Define el problema

Hay vida a nuestro alrededor. Cuando el tamaño de la muestra es pequeño, es más fácil ver criaturas que suelen estar ocultas. Tu tarea es crear un marco cúbico de 30 cm × 30 cm × 30 cm (1 ft × 1 ft × 1 ft) y recrear el experimento de Liittschwager en tu área.

Limitaciones: La longitud, el ancho y la altura de tu cubo deben ser de exactamente 30 cm (o exactamente 1 ft).

Criterios: Tu cubo debe ser duradero e impermeable para soportar las condiciones climáticas. Debe integrarse bien a su entorno y estar colocado donde pueda pasar la mayor muestra de biodiversidad.

Investiga y piensa ideas

¿Qué materiales funcionarían mejor para construir tu cubo? ¿Cómo lo construirás? ¿Dónde lo colocarás? ¿Cómo fotografiarás las muestras que encuentres? ¿Cómo harás para devolver las muestras a su lugar cuando hayas terminado?

Diseña y construye

Escoge el lugar donde colocarás tu cubo. ¿Dónde podría encontrarse la mayor biodiversidad? ¿De qué color pintarás tu cubo para que se integre bien con el entorno? Construye tu cubo.

Prueba y mejora

Para probar la durabilidad de tu cubo, rocíalo con agua y déjalo caer desde 1 metro (1 yarda) de altura. ¿Se mantuvo seco y no se rompió? Si es necesario, modifica tu diseño. Coloca tu cubo al aire libre y obsérvalo durante al menos dos horas en el transcurso de una semana. Toma fotografías o haz observaciones detalladas para llevar un registro. ¿El lugar que escogiste era un buen sitio para colocar tu cubo? ¿Fue difícil observar las muestras?

Reflexiona y comparte

Crea una exhibición de museo en la que muestres tu cubo y las fotos y observaciones de tu proyecto. Incluye un breve resumen que explique dónde colocaste el cubo y qué encontraste. ¿Qué podría haber pasado si hubieras escogido otro sitio? ¿Y si hubieras dejado tu cubo al aire libre más tiempo?

Glosario

acuáticos: describe a las plantas y los animales que viven en el agua o cerca de ella

ADN: una sustancia que se encuentra en las células de los seres humanos, los animales y las plantas y que contiene información genética

algas: plantas simples u organismos parecidos a plantas sin tallos ni hojas, que crecen en el agua o cerca de ella

biodiversidad: la presencia de muchos tipos de plantas y animales en un medioambiente

biólogos: científicos que estudian a los seres vivos

botánicos: científicos que estudian a las plantas

contaminación: un proceso que ensucia el agua, la tierra o el aire y hace que no sea seguro usarlos

coordinador: alguien que organiza un grupo de cosas o personas

corrientes: movimientos continuos del agua en la misma dirección

diversas: variadas

dosel arbóreo: la capa más alta de ramas de los árboles o de un bosque

ecosistema: la comunidad de seres vivos y cosas sin vida que hay en un medioambiente en particular

exóticos: de otra parte del mundo

expulsando: sacando

fitoplancton: un alga marina microscópica

hábitat: el área donde vive una planta o un animal

interdependencia: el estado de necesidad o dependencia mutua

matorral: un hábitat donde los arbustos son la principal forma de vegetación

nutrientes: sustancias que ayudan a crecer a las personas, los animales o las plantas

prosperar: desarrollarse o crecer bien

reproducirse: producir bebés, nuevas plantas o crías

se han adaptado: han cambiado para poder vivir mejor en un determinado lugar o situación

singular: único o especial

zoólogo: alguien que estudia a los animales y su comportamiento

Índice

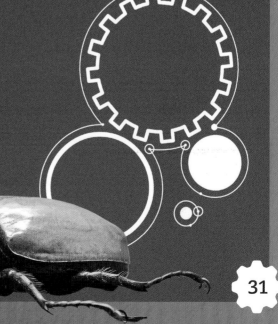

¿Quieres estudiar las formas de vida?
Estos son algunos consejos para empezar.

"Cuando era niño, tenía cajas de zapatos llenas de tarjetas de béisbol, arena de la playa y cualquier otra cosa que pudiera encontrar. Hoy en día, mi trabajo sigue siendo recolectar y estudiar cosas, como la vida marina de Moorea. Para mí, mi trabajo es una larga búsqueda del tesoro. Empieza a coleccionar y estudiar objetos ahora. Descubrirás que es muy divertido encontrar respuestas a las preguntas que te dan curiosidad". —*Chris Meyer, investigador en zoología*

"Cuando era niña, me enamoré del mar. Recorría las playas en busca de tesoros, dólares de arena, dientes de tiburón, caracolas, medusas y cangrejos. Seguí mi pasión y en la universidad obtuve títulos en biología, biología marina y ciencias marinas. Si te interesan esos temas, tal vez tú también deberías estudiar las formas de vida". —*Dr. Carole Baldwin, investigadora en zoología*